Merkblatt 61/1
(Anhang 2 zur H.Dv. 1a,
Seite 61 / lfd. Nr. 1)

Merkblatt für den Feldkoch

Unveränderter Nachdruck

Berlin 1941

Zweck dieser Veröffentlichung ist gemäß §86 Absatz 3 StGB die Bereitstellung von Informationen für die Wissenschaft und die Berichterstattung über Vorgänge der Geschichte. Falls im Originaldokument Symbole verfassungswidriger Organisationen (§86a StGB) enthalten waren, wurden diese entfernt oder durch buchstäbliche Beschreibungen ersetzt.

Bibliografische Informationen der Deutschen Nationalbibliothek:
Die Deutsche Nationalbibliothek verzeichnet diese Publikation in der Deutschen Nationalbibliografie; detaillierte bibliografische Daten sind im Internet über http://dnb.dnb.de abrufbar.

Herstellung und Verlag:
BoD - Books on Demand, Norderstedt

ISBN: 978-3-7534-6024-6

Merkblatt für den Feldkoch.

Ziehst Du ins Feld, so befasse Dich immer wieder mit diesem Merkblatt. Nimm jede Gelegenheit wahr, Dich im Kochen, vor allem der im Merkblatt aufgeführten Gerichte, fortlaufend zu üben. Die Gulaschkanone ist Deine Spezialwaffe. Es gilt, auch mit ihr den Krieg zu gewinnen. Du fehlst schwer am Vaterland, an der Leistungsfähigkeit und Stimmung Deiner Kameraden, wenn Du ihnen ein Essen lieferst, das sie Dir vor die Füße werfen. Zeige Dich Deiner verantwortungsvollen, schweren Aufgabe, ein

Feldküchenkoch

zu sein, würdig !

1. Die Feldküche.

Verhalten bei der Feuerung (Heiztechnik).

Speisenkessel.

Nie ohne Kochbadflüssigkeit (Wärmehalter, Garmacher) anheizen.

Kochbad wird mittels Trichter durch Füllrohr eingefüllt. Vorher Stand der Füllung mit Probierstab prüfen; bei täglichem Gebrauch wöchentlich einmal. Feuer mäßigen, wenn Kochbadflüssigkeit in Entlüftungsbehälter spritzt; quillt sie am Kesselrand heraus, Kesselschrauben anziehen.

Kessel erst anheizen, nachdem sie halb mit Kochgut gefüllt sind.

Feldküche benutzen:

a) als Selbstkocher,
um Speisen zu schonen, Heizmaterial zu sparen und Rauchentwicklung zu vermeiden.

1. Deckel hoch- und feststellen, Kessel füllen, Deckel schließen. Rauchklappe A und Aschenfall öffnen.
2. Feuer an, mäßig unterhalten (etwa 1½ Std.) bis aus Deckelventil Dampf entweicht (Kochbeginn).
3. Nach 20 Minuten Rauchklappe A und Aschenfall ganz schließen und Feuer aus. Gericht kocht selbsttätig weiter.

b) als gewöhnlichen Kessel

1. wie bei a) 1.
2. Feuer an, mäßig unterhalten. Entweicht Dampf aus Deckelventil, Aschenfall und Rauchklappe A halb schließen.
3. Während der Kochzeit kleines Feuer unterhalten.
4. Nach der Kochzeit Feuer aus, Aschenfall und Rauchklappe A ganz schließen.

Deckelschrauben beim Schließen des Kessels nur wenig anziehen; entweicht am Deckelrand Dampf, nächstgelegene Schraube fester anziehen. Vor dem Öffnen des beheizten Kessels erst Ventil mittels Feuerhakens anheben, damit Dampf entweicht. Dann erst Schrauben, hinten beginnend, lösen.

Vorsicht bei Hülsenfrüchten!

Ist Ventil verstopft, Glut herausnehmen, Feuer mäßigen, Feuertür öffnen, Rauchklappe A öffnen. Dann Deckelschrauben vorsichtig bis zur Hälfte lösen, nicht umlegen. Überschüssiger Dampf strömt aus.

Bratvorrichtung.

Die vorgesehenen und zum Teil schon in Feldküchen eingebauten Bratvorrichtungen bestehen aus 3 übereinanderliegenden Bratkästen. Sie sind mit Handgriffen versehen und auswechselbar. Dadurch können auch die oberen Kästen unmittelbar dem Feuer ausgesetzt werden.

Die Bratvorrichtungen ermöglichen:

Das Braten, Anbraten, Rösten oder Bräunen von Fleisch (Knochen vorher auslösen), Speck, Wurst, Kartoffeln, Graupen, Grieß, Mehl, zerkleinertem Brot und Feldzwieback, Suppengrün, Zwiebeln usw.

Kaffeekessel.

a) Füllen, Deckel schließen, Rauchklappe B und Aschenfall öffnen.
b) Feuer an, 1 Stunde mäßig unterhalten, bis aus Deckelventil Dampf entweicht (Kochbeginn).
c) Aschenfall, Rauchklappe halb schließen, Feuer mäßigen.
d) Nicht zu fein gemahlenen Kaffee unter Umrühren in Hängesieb schütten. Überkochen vermeiden.
e) Nach 5 Minuten Feuer aus, Rauchklappe B und Aschenfall ganz schließen. Vor Abfüllen erst Deckelventil, dann Hahn öffnen.

Kaffeemühle in Fach 10.

Allgemeines.

Große Feldküche für Einheiten von 125 bis 225 Mann:

Inhalt des Speisenkessels 175 l
Inhalt des Kaffeekessels 90 l

Kleine Feldküche für Einheiten von 60 bis 125 Mann:

Inhalt des Speisenkessels 130 l
Inhalt des Kaffeekessels 70 l

R e i n i g u n g nicht mit scharfen Mitteln. Nur Wiener Kalk, Soda, Bürsten, Tücher verwenden.

B r e n n s t o f f v o r r a t laufend ergänzen (für 1 mal Kaffeekochen 13 kg Kohlen oder 16 kg Holz).

Zur Schonung des Gerätes und abwechslungsreicher Zubereitung halber bei längerem Verbleiben möglichst von f e st e n Kocheinrichtungen Gebrauch machen.

Zum W a r m h a l t e n, A u f b e w a h r e n und T r a n s p o r t des Essens dienen isolierte Speisenträger, Inhalt 12 l. Nicht auf Feuer stellen!

Einzelheiten über Gerät in H.Dv. 476/3, die nebst Feldkochbuch (H.Dv. 86) in Deckeltasche des Vorderwagens liegt.

2. Zubereitung der Feldkost.

a) Allgemeine Regeln.

Überflüssigen Abfall beim Gemüseputzen und Kartoffelschälen vermeiden.

Lebensmittel m ö g l i c h s t u n z e r k l e i n e r t unmittelbar vor Zubereitung kurz, aber gründlich waschen.

Hackmaschine vielseitig anwenden zum Zerkleinern von Fleisch, Gemüse, Zwiebeln, Suppengrün, Kartoffeln, Brot und Feldzwieback (letztere zu Bindemitteln, Beigaben zu Suppen und Hackfleisch).

Zu Beginn der Kochzeit je Mann höchstens ¾ l Wasser ansetzen.

Im festverschlossenen Kessel bis zum Garwerden kochen, nicht länger! Feldkost dick, nicht suppig kochen.

Später hinzugegebene kalte Flüssigkeit unterbricht Kochvorgang stark.

b) Die Behandlung der Lebensmittel.

Fleisch.

Frischfleisch nach Auslösen der Knochen und Ausschälen der übermäßig fetten Teile (im Fettopf sammeln!) in 2-3 kg schwere Stücke schneiden und in kochendes Salzwasser geben (auf 1 kg Fleisch etwa 1 l Wasser und Salz). Wenn Zeit reicht, Fleisch für sich garkochen und in verfügbarem Behälter aufbewahren. Zuletzt auf Fleischbrett in Portionen schneiden und gewärmt neben Kartoffeln oder Gemüse ausgeben. Der Soldat will seine Fleischportion sehen!

Nach Herausnehmen des Fleisches in der übriggebliebenen Brühe Gemüse garkochen.

Bei mangelnder Zeit Fleisch in Brühe lassen und Gemüse hineingeben.

Knochen (im Leinenbeutel), Schwarten und Sehnen mit kaltem Wasser ansetzen und zu Brühe auskochen. Suppengrün, Gemüsestrünke und holzige Teile beigeben.

Konservenfleisch nicht mehr kochen, nur erwärmen.

Kochdauerwurst im fertigen Gericht garziehen lassen.

Fett
ist als besondere Portion (Kochfett) nicht vorgesehen. Es ist bei fettreichem Fleisch einzusparen und bei fleisch- und fettarmen Gerichten mitzuverwenden; je Kopf bis zu 15 g.

Kartoffeln und Gemüse.

Bei jeder sich bietenden Gelegenheit f r i s c h e Kartoffeln, f r i s c h e s Gemüse und f r i s c h e Kräuter s e l b s t i n k l e i n st e n M e n g e n verwenden.

Hülsenfrüchte, getrocknetes Gemüse, getrocknete Kartoffeln in verfügbaren Behältern mehrere Stunden einweichen (kürzere Garzeit!). Einweichwasser zum Kochen verwenden.

Teigwaren.

Nudeln in kochendes Wasser geben und etwa 10-20 Min. bei offenem Kesseldeckel gar, aber nicht breiig kochen. Häufiges Umrühren vermeiden. Möglichst mit kaltem Wasser abschrecken.

Reis- und Mühlenerzeugnisse.

Reis in kochendes Wasser geben.

Mehl und Grieß immer kalt anrühren und in kochendes Wasser geben.

c) Garmachungsarten.

Kochen = Garmachen in genügend siedender Flüssigkeit (Wasser usw.). Das Kochgut muß bedeckt sein. Kesseldeckel bleibt geschlossen.

Höchstens ¾ l Wasser pro Kopf ansetzen.

Nur solange kochen, als unbedingt notwendig, damit der Wert der Speisen erhalten bleibt (nicht totkochen!). Verkochtes Wasser durch kochendes Wasser aus dem Kaffeekessel ergänzen.

Reicht das Fassungsvermögen des Kessels für die Verpflegungsteilnehmer nicht aus, entsprechend dicker kochen und gares Gericht mit Kochwasser (aus Kaffeekessel) oder Knochenbrühe auffüllen.

Das fertige Gericht soll dick, nicht suppig sein, da dünnflüssige Gerichte den Magen füllen, aber nicht vorhalten. Zu suppige Gerichte mit Mehl, Grieß, Grütze, Flocken, Kartoffeln oder Kartoffelmehl binden.

Dämpfen = Garmachen im Dampf bei geschlossenem Kesseldeckel.

Siebeinsätze (die eingeführt werden) sind in den Kessel beim Dämpfen einzusetzen. Sie ermöglichen gleichzeitig getrennte Zubereitung von Fleisch, Gemüse und Kartoffeln in e i n e m Kessel. Die anfallende Dämpfbrühe ergibt, mit Mehl oder anderen Bindemitteln (Kartoffeln, Kartoffelmehl usw.) eine kräftige Tunke.

Zum Dämpfen eignen sich folgende Lebensmittel:

Rind-,
Schweine-,
Dauerfleisch,
magerer Speck
} roh oder vorher kräftig angebraten in Kessel

Grüne Bohnen
Mohrrüben
Steckrüben
Spinat
gem. Gemüse
(Kohlrüben)

Arbeitsgang.

Kessel mit Einsätzen – Lochboden und Trennwand – versehen.

In Kessel Wasser einlassen, höchstens bis an Lochboden. Lebensmittel in den Kessel füllen.

- Für Fleisch und Gemüse ist kleinerer,
- für Kartoffeln größerer Raum vorzusehen.
- Setzen sich Gerichte aus Lebensmitteln mit gleicher Garzeit zusammen, diese auf einmal, - bei verschiedenen Garzeiten nacheinander in den Kessel geben. Öffnen des Kessels auf ein Mindestmaß beschränken.

Kesseldeckel schließen (fester Verschluß) und Feuer auf „stark“ stellen.

Während des Dämpfvorganges auf genügend hohe Temperatur achten, lebhafte Dampfentwicklung erforderlich.

Ist Kesselinhalt gar,
Feuer auf „schwach“ stellen,
Fleisch zum Portionschneiden herausnehmen,
Gemüse fertigstellen und abschmecken und
aus der Dämpfbrühe Tunke bereiten.

Anmerkung.

Die zu dämpfenden Lebensmittel sind vor dem Einfüllen in den Kessel gleichmäßig mit Salz und Gewürz zu durchmengen, da der Dampf in Gegensatz zum Kochwasser die Salz- und Gewürzstoffe nicht verteilt.

Dünsten = Garmachen im eigenen Saft unter Zusatz von Fett und wenig Wasser im geschlossenen Gefäß.

Durchzuführen im großen Kessel der Feldküche, bei kleineren Mengen gegebenenfalls in der Bratvorrichtung (siehe Ziffer 1).

Anzuwenden bei frischem Gemüse (Weißkohl, Rotkohl usw.), Suppengrün, Sellerie, Pilzen, Zwiebeln.

Braten in der Feldküche = Garmachen in großer Hitze unter Zugabe von Fett (bei Schweinefleisch und Speck k e i n Fett) und wenig Wasser.

Durchzuführen in der Bratvorrichtung (siehe Ziffer 1).

Anzuwenden bei Fleisch (Knochen auslösen), Speck, Wurst, Konservenfleisch, Kartoffeln, Zwiebeln, Suppengrün usw. Das Braten oder auch nur Anbraten geringer Mengen hiervon, die dann dem Feldküchengericht im Kessel zugesetzt werden, verbessert wesentlich den Geschmack und schafft Abwechslung. Auch Knochen, angebraten und ausgekocht, verbessern das Gericht.
Beim Bratvorgang werden neue Geschmacksstoffe gebildet, die sich auf die Eßlust und Bekömmlichkeit der Speisen günstig auswirken.

Schmoren = Anbraten mit wenig Fett bis zur kräftig braunen Farbe und Garmachen unter Hinzugabe von Wasser und Gewürzen bei kleinem Feuer.

Durchzuführen in der Bratvorrichtung (siehe Ziffer 1).

Anzuwenden bei Schmorfleisch, Gulasch, Fleischkonserven, Zwiebeln, Suppenkräutern, Gurken, Tomaten usw.

Rösten = durch Einwirkung von Hitze werden unter Hinzugabe von wenig Fett neue, kräftige Geschmacksstoffe gebildet.

Durchzuführen in der Bratvorrichtung.

Anzuwenden bei Mehl, Grieß, Graupen, Haferflocken, zerkleinertem Brot oder Feldzwieback usw.

d) Die Garzeiten der Lebensmittel in der Feldküche.

Die zum Garwerden notwendige Kochzeit ist in hohem Maße abhängig vom

Gerät: Gleichmäßige Wärmezufuhr, Kochen bei geschlossenem Deckel, wodurch leichter Überdruck entsteht, verkürzen die Kochdauer.

Wasser: Wasser mit hohen Härtegraden – hartes Wasser – verlängert, besonders bei Hülsenfrüchten, Kochzeit.

Lebensmittel (tierisch): Abgehangenes Fleisch wird schneller gar als schlachtfrisches. Fleisch junger Tiere braucht kürzere Garzeit als das grobfaserige alter Tiere.

Lebensmittel (pflanzlich): Frisch geerntete junge Gemüse brauchen einen Bruchteil der Garzeit, die ältere holzige Gemüse benötigen.

Abgelagerte Samen und Lebensmittel wie Reis, Graupen, Hülsenfrüchte erfordern lange Kochdauer.

Garzeiten werden vom Kochpunkt an gerechnet. Aus oben angeführten Gründen stellen sie nur Richtlinien dar.

Garzeiten für tierische Lebensmittel:

Fr. Rindfleisch	etwa 2½ - 3 Std.
Fr. Schweinefleisch	etwa 1½ - 2 Std.
Dauerfleisch, Rind	etwa 3½ Std.
Dauerfleisch, Schwein	etwa 2½ Std.
Dauerfleisch, Speck	etwa 1½ Std.
Kochdauerwurst	nur 20 Min. ziehen lassen, n i c h t k o c h e n.
Konservenfleisch	n i c h t k o c h e n nur im fertigen Gericht erwärmen.

Garzeiten für pflanzliche Lebensmittel:

Kartoffeln, fr.	etwa	45 Min.
Wirsing, fr.	etwa	1¼ Std.
Weißkohl, fr.	etwa	1¼ Std.
Rotkohl, fr.	etwa	2 Std.
Sauerkraut	etwa	1¾ Std.
Grünkohl, fr.	etwa	1¼ Std.
Kohlrüben, fr.	etwa	2 Std.
Mohrrüben, fr.	etwa	1 Std.
grüne Bohnen, fr.	etwa	1¾ Std.

Sellerie, fr.	etwa	2	Std.
Tomaten, fr.	etwa	15	Min.
Zwiebeln	etwa	45	Min.
*Graupen	etwa	2	Std.
*Teigwaren	etwa	10-20	Min.
Mehl	etwa	5	Min.
*Reis	etwa	30	Min.
Erbsen	etwa	2-3	Std.
Bohnen	etwa	2-3	Std.
Linsen	etwa	2	Std.
Edelsoja	etwa	2	Min.

Die mit einem * versehenen Gerichte dicken bei längerem Stehen nach und sind möglichst an Tagen zu kochen, an denen Ausgabezeit festliegt.

Tomatenmark
saure Gurken
Extrakte
fr. Petersilie
pulv. Gewürzkräuter
} werden nicht mitgekocht, sondern vor der Ausgabe unter das gare Gericht gemengt.

Für getrocknete Gemüse gelten die gleichen Garzeiten. Bei Nichteinweichen verlängert sich Garzeit um eine halbe Stunde.

e) Verbesserung der Kost.

Schlechte Geschmackstoffe vernichten:

Beim Fleisch Druckstellen gründlich bürsten.
Fleischgeruch durch Essigwasser entfernen.
Beim Gemüse faule, welke und holzige Teile und angestandenen Schmutz entfernen.

Bei Kohlgerichten setzt sich der strenge Kohlgeschmack mit dem ersten Wasserdampf am Kesseldeckel ab. Zu entfernen durch Abwischen des Kesseldeckels. Sehr stark riechender Kohl (auch Grünkohl und Kohlrüben) zu Beginn im offenen Kessel kochen, damit übler Geruch entweicht, dann bei geschlossenem Deckel garkochen.

Angenehme Geschmackstoffe erhalten durch vorsichtige Vorbereitung:

Nur gute, einwandfreie Ware verwenden. Kurz und gründlich waschen, aber Nährstoffe nicht durch langes Liegenlassen im Wasser auslaugen.

und Zubereitung:

Die dem Lebensmittel entsprechende Garmachungsart anwenden. Speisen nicht unnötig stark und nur so lange als unbedingt nötig kochen lassen. Kesseldeckel möglichst geschlossen halten, damit gute Geschmacksstoffe nicht mit dem Dampf entweichen. Wenig umrühren.

Neue Geschmacksstoffe bilden:

D u r c h B r a t e n oder auch A n b r a t e n von Fleisch, Speck, Suppengrün, Zwiebeln usw. durch Rösten von Mehl und zerkleinertem Brot oder Feldzwieback sowie durch D ü n st e n und S c h m o r e n selbst kleiner Mengen (siehe Garmachungsarten).

Hinzusetzen von:

G e w ü r z e n (Gewürztabelle siehe Feldkochbuch, H.Dv. 86).

Kräutern (Suppenkräuter frisch oder getrocknet in kaltem Wasser ansetzen. Frische Gewürzkräuter zerkleinert und getrocknete Kräuter in Pulverform kurz vor der Essenausgabe zusetzen; nicht mitkochen).

Gurken (in Würfel schneiden, nicht mitkochen !).

Tomatenmark (mit Wasser anrühren und unter das fertige Gericht geben; nicht mitkochen, damit Vitamine erhalten bleiben).

Hefeextrakt (in heißem Wasser auflösen und ins Essen rühren. Hefeextrakt ist vitaminreich).

Speisenwürze (ins fertige Essen geben).

Soja (in Wasser anrühren und am Ende des Kochens den Speisen zugeben, kurz aufkochen lassen).

f) Kochanweisungen.

A. 1. **Gerichte unter Verwendung von Kartoffeln.**

Grundgericht.

Brühkartoffeln und frisches Rind- oder Schweinefleisch oder Dauerfleisch
oder (1) Kochdauerwurst
oder (2) Konservenfleisch.

Fleisch 30 g frische oder 2,5-3 g getrocknete Suppenkräuter Salz n. Geschmack	in kochendes Wasser geben und etwa 2½ Std. kochen lassen (Schweinefleisch nur etwa 1½ Std.)
1500 g frische oder 150 g getrocknete Kartoffeln	hinzugeben und garkochen lassen, etwa noch ¾ Std.
Abschmecken mit	Salz und Gewürzen je nach Zubereitungsart.

Bemerkung: Bei Verwendung von getrockneten Kartoffeln ist das Einweichwasser mitzuverwenden.

(1) Kochwurst	in das fertige Gericht geben, kurz durchkochen und dann garziehen, nicht mehr kochen lassen.
(2) Konservenfleisch	erst kurz vor der Essenausgabe unter das gare Gericht mengen und nur darin erwärmen, nicht mehr kochen lassen.

Andere Arten des Gerichts.

2. Tomatenkartoffeln.

Das gare Gericht ist mit Tomatenmark bis zu 50 g abzuschmecken. Statt der Suppenkräuter sind Zwiebeln zu verwenden.

3. Kartoffeln mit Gewürzgurken.

Bis zu 50 g Gewürzgurken (etwa 1 mittelgroße Gurke) sind in Würfel zu schneiden und erst kurz vor Essenausgabe unter das gare Gericht zu mengen, also nicht mehr kochen.

4. Zwiebelkartoffeln.

Statt der Suppenkräuter sind bis zu 50 g frische oder 5 g getrocknete Zwiebeln im Gericht mitzukochen.

5. Selleriekartoffeln.

Statt der Suppenkräuter sind bis zu 50 g frische oder 5 g getrocknete Sellerie und einige Zwiebeln im Gericht mitzukochen.

6. Saure (Essig-) Kartoffeln.

Das gare Gericht ist mit Essig (bis zu 0,01 l) abzuschmecken.

7. Kartoffeln mit Sauerkraut.

225 g Sauerkraut oder 25 g getrocknetes, vorher eingeweichtes Sauerkraut einige Wacholderbeeren	} ungewässert mit so viel Wasser ansetzen, daß es knapp bedeckt ist und zum Kochen bringen.

Fleisch	hinzugeben und etwa ¾ bis 1 Std. kochen lassen.
750 g frische oder 75 g getrocknete Kartoffeln	hinzugeben und alles garkochen lassen, etwa noch ¾ Std.
Abschmecken mit	Salz.

B. Gerichte unter Verwendung von Gemüse . . . . C. Gerichte unter Verwendung von Graupen . . . . D. Gerichte unter Verwendung von Teigwaren . . . . E. Gerichte unter Verwendung von Hülsenfrüchten . . . . . . F. Gerichte unter Verwendung von Wehrmacht-Suppenkonserven . . . . G. Gerichte unter Verwendung von Reis . . . . H. Gerichte unter Verwendung von Mehl	Siehe H.Dv. 86 (Feldkochbuch).

J. Warme süße Suppen und Kaltschalen, Puddingspeisen, süße Soßen, Getränke.

Kochanweisung für süße Suppen, Puddings usw.

Vorbemerkungen:

1. Portionsmengen.

   Als Portionsmengen sind zugrunde gelegt:

Suppe:	½ Liter,
Pudding:	¼ Liter,
Soße:	1/10 Liter,
Getränke:	½ Liter.

2. Milchspeisen.

   Hierbei kann ein Teil der frischen Milch durch Wasser ersetzt oder entrahmte Frischmilch oder Trockenmagermilch genommen werden.

   Die Verwendung von Trockenmagermilch empfiehlt sich besonders in der heißen Jahreszeit, da Frischmilch bei längerem Stehen leicht säuert.

3. Trockenmagermilch.

   Für 1 Liter Wasser = 80 g Trockenmagermilch. Trockenmagermilch wird mit ¼ des Wassers angerührt, das übrige Wasser zum Kochen gebracht und das angerührte Pulver hineingegeben.

4. Milchpuddings.

   Alle Milchpuddings können auch warm als sättigende Abendkost gereicht werden.

5. Z u c k e r m e n g e n.

Die angegebenen Zuckermengen lassen sich nach Geschmack erhöhen.

Anleitung für süße Suppen, Puddings usw.

1. Die Flüssigkeit (Wasser oder Milch) zum Kochen bringen oder so lange erhitzen, bis aus Deckelventil Dampf entweicht (Kochbeginn).

2. Unter Rühren den Zucker hinzufügen.

3. Das Puddingpulver mit der angegebenen Wassermenge anrühren.

4. Das gut angerührte Pulver l a n g s a m u n t e r s t ä n d i g e m R ü h r e n in die heiße Flüssigkeit geben und so lange weiterrühren, bis die Masse bei Pudding einheitlich dick bzw. bei Soße und Suppe sämig ist.

5. Deckel schließen, Feuer aus und Speise etwa 10 - 15 Minuten, je nach Menge, in geschlossenem Kessel garen lassen.

6. a) P u d d i n g, wenn Ausfüllgefäße vorhanden, sofort ausfüllen und erkalten lassen, sonst warm reichen.

   b) K a l t s c h a l e n u n d S o ß e n nach Möglichkeit sofort ausfüllen, da Erkalten im Kessel zu lange dauert. Während des Erkaltens häufig umrühren, um Hautbildung zu vermeiden.

S c h o k o l a d e n p u d d i n g

mit Puddingpulver Schokolade-Geschmack.

1 Portion		100 Portionen
¼ l	Milch oder aufgelöste Trockenmagermilch	25 l
30-35 g	Zucker	3-3,5 kg
25 g	Puddingpulver	2,5 kg
3	Eßl. Wasser zum Anrühren	3,5 l

Zubereitung nach Kochanweisung.

Beigabe:

a) Vanillesoße.
b) kalte Milch, evtl. mit Vanillin-Zucker gewürzt.

Weitere Kochanweisungen für Süßspeisen siehe Anlage zu Feldkochbuch (H.Dv. 86).

10 Gebote für den Feldkoch.

1. Die angegebenen Portionen sind Höchstsätze. Koche nur die erforderliche Menge ! Sei wirtschaftlich im Fettverbrauch !

   Grund: Hilf sparen !

2. Nutze alle Lebensmittel gut aus. Vermeide überflüssigen Abfall beim Gemüseputzen und Kartoffelschälen. Koche Knochen, Sehnen, Schwarten, holzige Gemüseteile und Strünke kräftig aus. Verwende geschickt jeden noch brauchbaren Rest.

   Grund: Kampf dem Verderb !

3. Alle Lebensmittel möglichst unzerkleinert unmittelbar vor der Zubereitung kurz, aber gründlich waschen!

   Grund: Wasser laugt Nährstoffe aus !

4. Frisches Fleisch möglichst unzerkleinert im Kessel garkochen, dann in verfügbarem Behälter (Speisenträger) aufbewahren! Getrocknetes Gemüse, getrocknete Kartoffeln oder Trockengemüse dann erst in der Fleischbrühe garkochen. Fleisch zuletzt auf Fleischbrett in Portionen schneiden und bei Ausgabe einzeln ausgeben.

   Grund: Der Soldat will Fleisch sehen !

5. Getrocknete Lebensmittel (Gemüse, Kartoffeln, Backobst, Dauerfleisch) 3 Std. in verfügbaren Behältern einweichen; Hülsenfrüchte (Erbsen, Bohnen, Linsen) noch länger! Einweichwasser nicht fortschütten, beim Kochen mitverwenden!

   Grund: Größere Ergiebigkeit, kürzere Garzeit, kein Nährstoffverlust.

6. Im festverschlossenen Kessel nur bis zum Garwerden kochen, nicht länger!

   Grund: Schmackhaftes Essen, kürzere Kochzeit, kein „Totkochen“ = (Vernichtung lebenswichtiger Stoffe, „Strohgeschmack“).

7. Kesselinhalt wenig umrühren!

   Grund: Sonst immer Brei.

8. Feldkost dick, nicht suppig kochen!

   Grund: Viel Wasser = wenig Sättigung.

9. Frischkost (Kartoffeln, Gemüse, Kräuter), selbst in kleinsten Mengen aus Feld und Garten, mitkochen!

   Grund: Frischkost fördert die Gesundheit.

10. Mit Überlegung und Sorgfalt kochen! Gut abschmecken!

    Grund: Gute Kost erhält die Kraft der Truppe.